「できる」依存症社会
Society depending to "DEKIRU"

Art-Science Link Worker（マスオさん）の時代

富田直秀

講談社エディトリアル

序文のかわりのひとりごと

みーんな「はだかの王さま」なのに、
だーれも「王さまは はだかだ」って言わない。

わかっていないのに、わかっているようにみえる技術、
できないのに、できているようにみえる技術。
そんな技術にかこまれて、みーんなが「はだかの王さま」。
これがながくつづくと、
わたしたちは本当は自分はなにができるのか、
なにがしたいのかを見失ったまま、
やみくもに評価や充実感を求める
「できる」依存症におちいるのだと思うのです。

だから

「おとなはバカだ」と
泣いていたころのあなたに
この本をささげます。

全身をつかって、みる・きく。
そんなあたり前のコトがむずかしい時代になってきました。
目的や意味が、みて・きいて、感じるより先に言葉であたえられて、
「できてしまう」現代社会。
このおかしさに気づくことができるのは、
「おとなはバカだ」と泣いていた
子どものころのあなたなのだと思うのです。

2025年春　　富田直秀

もくじ

序文のかわりのひとりごと ……………………………………………………… 1
このほんのキャラクターしょうかい ……………………………………… 4
はじめに　おとなはバカだ（臨床的視点から） ………………………… 6

その1　できるわたし、から、多様なわたしへ

1−①　みんなちがって、みんないい、のに何でテストするの？ …… 17
1−②　多様性ってなに？ ………………………………………………… 18
1−③　平野啓一郎氏の「分人主義」 …………………………………… 21
1−④　壮絶でない人生はない …………………………………………… 25
1−⑤　できるわたしも、できないわたしも、SUKI ………………… 27
1−⑥　だれもがサザエさんである時代 ………………………………… 28
1−⑦　イノベーションの前提条件 ……………………………………… 28
1−⑧　イノベーターを育てるArt-Science Link Worker（マスオさん）… 31

その2　価値観の大変革とモノつくり

2−①　安全だけどANSHINじゃないモノつくり ……………………… 35
2−②　論理的アプローチと身体的アプローチ ………………………… 38
2−③　全体を身体で把握している人がいない ………………………… 39
2−④　あえてせまい視点から …………………………………………… 46
2−⑤　ヒトの依存症について …………………………………………… 47
2−⑥　多様性の欠如による依存症発症 ………………………………… 49
2−⑦　「できる」という依存症 ………………………………………… 50
2−⑧　人間拡張──「ヒトに寄りそうモノ」と「モノに寄りそうヒト」… 53
2−⑨　カッコわるいArt-Science Link Worker（マスオさん） ……… 55
2−⑩　価値観といいますか目的といいますか、そういったこと …… 57

> その3　**身体性を求めてとびはねる人たち**

- 3-①　教育（教え育てること）の裏側をのぞき見する（アート演習）… 63
- 3-②　「疑う」から「裏側をのぞく」へ … 66
- 3-③　課題の意味は自分で発見する … 69
- 3-④　「うろうろしろ」「こだわれ、妥協するな」「ナルシストたれ」… 72
- 3-⑤　「本当にそんなことをしたいの？」… 74
- 3-⑥　科学は自然の合理性のほんの一部分を見ているだけ … 77
- 3-⑦　真剣に遊ぶ覚悟 … 81

おわりに　同調圧力のない社会へ … 87

参考文献、資料、サイト … 96

このほんのキャラクターしょうかい

とみたせんせい
このほんをかいたひと。 おいしゃさんで、モノやしくみを かんがえてつくるせんせいでもある。
おとなだか、こどもだかわからない「へんじん」。

オオさんショウさん
きょうとのかもがわにすむ オオサンショウウオのなかよし ふたりぐみ。つりやおひるねをしたりして、じゆうきままに のんびりくらしている。とみたせんせいとは ともだち。

チビウオ
こどものオオサンショウウオ。きょうとのしぜんや ぶんかを メモするのがすき。ことばのおわりに「う」をつけて しゃべる。かおのよこのエラがチャームポイント。

チビウオは こどものオオサンショウウオです。
このほんでは みんなの いけんを あつめます。
とみたせんせいが わけのわからないことを いいだしたら、
『わかんねー』って いってね。

ほら、あの『はだかのおうさま』にでてくるこどものように
ほんとうにかんじたことや
かんがえたことを いってね。

チビウオが ほんとうにかんじたりかんがえたりしたことを
いえるのは、オオさんとショウさんが、そんなチビウオを
たいせつに みまもってくれるからです。

このほんでは、こどものこころをみまもって
わかろうとしてくれたり、おもしろがってくれることこそが、
たいせつなのだと しゅちょうしたいのです。

オオさんショウさん ©Kuwa.Kusu

はじめに　おとなはバカだ（臨床的視点から）

クレーム対応しています

　筆者は京都大学の工学研究科で教員をしていたのですが、いつも、どこか子どものような存在でした。できることはできるけれどもできないことはまったくできない、というように能力の落差がとても大きかったので、研究をするうえで足りないところは学生さんや秘書さんたちに助けてもらっていました（参考文献１）。京都大学の学生さんというのは、あれやれこれやれと命令しても兵隊のようにさっさと動いてはくれないのですが、懸命に「助けてくれー」というと、懸命に助けてくれるのです。

　そんなこんなで、先生のような、友人のような、変人教授稼業（参考文献２）をなんとか終えて、2021年からは京都市立芸術大学で学生さんたちにまじって今度はアートに関して周囲に助けられながら学んでいます。筆者を助けてくれていた学生さんたちも、あの変人教授はどうしているだろうか、と心配になるらしく、相談と称してはようすを見にたずねてきてくれます。定年を過ぎてもまだ子どものようなことをしている筆者に比べると、すっかり立派な大人になったOB、OGたちにあうのは、筆者にとっても

はじめに　おとなはバカだ（臨床的視点から）

本当にうれしいことです。そうして、彼らはどんなニュースや本よりも貴重な、生(なま)の社会のようすを筆者に教えてくれるのです。

さてしかし、ここ何年か、とても気になることがあるのです。たずねてきてくれるわかいOB、OGたちに、「いま、なにをしているの？」と聞くと、みなちょっと首をかしげて考えてから、「まあ、クレーム対応のようなことですかね」というのです。じっさいに利用者からのさまざまな意見への対応をしている人もいます。そうではなくて、たとえば、最先端(さいせんたん)の開発研究をしている人も、たいていは期日に追われていて、その期日までにあたえられた問題の解決策を提案しなければならない。そのあたえられた問題も、なんとなくクレームといわれればクレームのようにも聞こえるわけです。

このことの背景として、まず複雑化(ふくざつか)した社会のマニュアル対応姿勢があると思います。つまり、生じた問題の科学・技術的な解決方法は問題の「場合分け」にはじまります。このような場合ではAを選択(せんたく)、このような場合ではBを選択、というように、ていねいに場合分けをして、対処方法をマニュアルとして整理していくわけです。そうすると、どうしようもないと思えた案件でも、いったんは解決したかのように見えるのですが、当然のことながら、マニュアルはどんどん複雑になり、その複雑さに起因す

る問題がまた生じ、クレームがさらに増えてしまいます。

　クレームは改革のヒントでもありますので、クレーム対応はむしろ歓迎すべき仕事です。また、サポートエンジニアリングという新しいビジネスとして注目もされています。ただ、新しい現場を知り、これからなにかを創造しようとしているわかい人たちが、仕事を「クレーム対応」と感じるもうひとつの背景として、仕事の機能化、効率化が進み、唯一無二の人間であること以前に機能をはたす機械のようにあつかわれること(注1)への不満があるように思います。

(注1)　唯一性の消失
　第二次世界大戦中にユダヤ人収容所に強制収容されていた、Viktor E. Franklは、その著書『夜と霧〈Man's Search for Meaning〉』(参考文献3)のなかで次のような内容を述べています。
　「アウシュビッツ収容所では、人は腕に番号が刻印され、名前ではなく番号で呼ばれていた。多くの人が自殺を図ろうとした。しかし、いったん自殺を図った者を救うことはきびしく禁止されていた。多くの収容者たちは、戦争が終わって収容所から解放されたあとであっても、自殺を望む心理状態から抜け出すことができなかった」。このことからヒトがその機能だけで評価・利用される状況のなかに置かれることの重大性を想像することができます。そうして、Franklは、そういった自殺を望む心理状態を脱するのに成功したふたつの例を記述しています。いっぽうは、完結していない本を書いていた科学者の例、そうして、もういっぽうは、自分を待つ息子がいる例だったそうです。Franklは、こういったかけがえのなさに「唯一性」という名をつけて、その重要性を述べています。

良循環と悪循環

　医師とエンジニアの中間の仕事をしてきた筆者は、こういった社会の複雑化と機能化に良循環と悪循環の双方の兆しを感じます。良循環であった場合にはほうっておいてもそこそこのよい状況を保ちますので、たとえば臨床では、症状が重くても悪循環がなければ経過観察する場合もあります。しかし、いったん悪循環が生じると、たとえ症状は軽くても、いま悪循環をとめておかないと重篤な状況におちいるような場合もあるわけです。

　ヒトの機能をささえることによってかえって身体が機能を失ってしまうことを廃用性の変化といいます。科学技術の発展は、機能の補助と、この廃用性の変化の双方のせめぎ合いの歴史でもあります。たいていは、機能をささえられることにヒトが多様な形で慣れ、いわば良循環としてわたしたちの生活のなかに溶けこんでいきます。

　たとえば19世紀の産業革命では、人工の動力やエネルギーなどを使って力仕事や移動能力といった人間の身体の機能を拡張させるさまざまな機械が開発されました。これも当時ではじゅうぶんに深刻な複雑化と機能化であったはずです。

　そうして、産業革命のあとにはさまざまなブランド企業が発生しました。その理由はさまざまなのですが、人工の動力やエネル

ギーなどを使って人間の身体機能を拡張させたことへの反動として「質」という身体感覚が求められたことも、ひとつの原因であろうと筆者は思うのです。ささえられることによって失った身体性もありますが、そのためにかえってゆたかになった身体性もあります。これは、科学技術のもつ最適化の能力の先鋭化への反動として、人間らしさが求められた、一種の良循環であろうと思うのです。

「できる」依存症

　クレーム対応に奔走している現代社会が、その地道な活動のなかから新たな身体(質)を獲得して良循環のチャンスをつかむのか。それとも、身体性を失って悪循環におちいってしまうのか。その大きな分水嶺となるのが、みる・きくといった身体性の鍛錬であろうと考えています。本書では、身体性を失う悪循環を「できる」依存症として説明しています。「できる」依存症とは、生身の身体にはできないのに、「できる」とわたしたちが思いこみ、そこに固着することによってひきおこされる悪循環ですが、みる・きくといった身体性の鍛錬によって生じる多様な生きかたが、この悪循環を良循環に変えてヒトという種に新たな身体性をあたえるきっかけにもなりうると筆者は考えています。

はじめに　おとなはバカだ（臨床的視点から）　　11

　本書の後半では、京都市立芸術大学（以下、京都芸大）でおこなわれている「総合基礎実技」という授業をご紹介したいと思います。それは、「できる」依存症を避けて、それぞれが唯一の自由な自己を生きることのヒントがこの授業のなかにある、と筆者が直感しているからです。

　この授業における実感を文章でお伝えするのはとてもむずかしいのですが、そうですね、たとえば「おとなはバカだ」と涙を流しながら必死に思っていた記憶が読者の心の奥底にはないでしょうか？　子どものころのわたしたちは、「できる」ことや「わかる」ことの裏側に、大人たちが忘れてしまったもっと壮絶ですばらしいモノゴトがあるのを知っていたのだと思うのです。たしかに大人は広い視野をもっていますし、ゆたかな感性をもった大人もたくさんいます。けれども、あえてせまい視野、あえてこだわりをもってモノゴトに接するとき、モノゴトの裏側にとてもゆたかな世界があることを知ることができます。

　総合基礎実技という授業は、知識や経験や技術をいったんはなれて、「わたし」が「いま」ここにある、という実感から本当に自分がしたいことを探していくような体験をさせてくれます。筆者は特別な許可をいただいて、新入生たちにまじってこの授業に参加しているのですが、わたしたちが大人になることによって失

ってしまった知恵が、ヒトという種が「できる」依存症を避けて新しい多様な身体を得るためのヒントが、ここにあると考えています。

臨床的視点

　最後に、いいわけなのですが、この本では、事実から厳密な考察をする学者らしい態度をはなれて、あえて、子どもらしくせまい視点から思いついたままに話をすすめたいと思います。ちょっとカッコをつけていいますと、それは臨床的視点で考えてみる、ということでもあります。「わかる」のではなく「わかろうとする」他者であることが臨床的視点です（注2）。たとえば、病院のベッドにあるナースコールを何度も押す患者さんにたいして、睡眠薬や鎮痛剤や抗不安薬を処方するまえに、しばらく患者さんの手をにぎっていることを考えてみます。眠れないのか、痛いのか、不安なのか、と分析して「わかる」まえに、双方向的に全身を感じとるわけです。場合分けをしてマニュアル対応をするまえに、そうやって「わかろうとする他者」として寄りそって、みる・きく。おたがいに「わかろうとする他者」である臨床があって、それからゆっくりと、事実を場合分けして、それぞれに厳密な考察をする学者の合理（医学など）を道具として用いればいい

のだ、と筆者は思うわけです。

　この本では、大人らしいエビデンスや論理からいったんはなれて、臨床的な視点から「おとなはバカだ」とさけんでいた内(うち)なる子どもの声にしばし耳をかたむけてみたいと思います。言葉で考えると、子どもの声にはわけがわからない内容も多くふくまれます。けれども、「わかろうとする他者」としてモノやコトに寄り

(注2)　臨床的視点について
　臨床的視点とは一般に医療臨床において、客観的・論理的な考察ばかりではなく個々の患者の価値観や感情に応じた判断をしていくことなどを表します。この本では、臨床的視点を「わかる」ではなく「わかろうとする他者であること」と言い表しました。この「わかろうとする他者であること」という言葉は、精神科やカウンセリングの実践でよく用いられる言葉です。わかりにくいこの言葉を臨床的視点としてあえて用いたのは、「価値観や感情」を心理学や哲学と直結させたくなかったからです。順番の問題なのですが、(学者らしく)説明する以前にまず手をにぎったり先入観なく話をきいたりする実践から「臨床的視点」をとらえたかったわけです。
　ただし、「価値観や感情」の暴走を避けるためにもいわゆる神秘(しんぴ)主義とは区別をしておかなければなりません。言葉を定義することによって神秘主義との区別をすると、これは心理学や哲学のような学問になってしまいますので、この本では、頭で考えたならばその裏側を身体的に考えてみる、身体的にモノゴトを考えたのならば、頭でその裏側をじっくりと考えてみる、といった方法で、自己の形式が固まりそうになったら(否定ではなく)常にその裏側をのぞいてみるような「のぞき」の習慣をそのひとつの手段としました。この本の読者も、筆者の示す形式にただ同調するのではなく、チビウオ君のように裏側をのぞいてみていただければ、それも臨床的視点のひとつなのかもしれません。

そってみると、社会の価値観が大きく変わる、いや、大きく変わらなければ保持できない新しい（デジタルの？）身体をわたしたちがもちつつあることが見えてくるのだと思います。読者の方々にも、それぞれの大人らしい経験や判断をいったんはなれて、それぞれの内なる子どもの声に耳をかたむけていただければと思います。

その1

できるわたし、
から、
多様なわたしへ

膨大な知識と経験を機械に委託している現代では、「身体で考える」ことがおろそかになっているのだと思います。全体を身体的に把握しないまま、モノゴトがきめこまかに解析され、マニュアルによってモノつくりやコトつくりが制御されている現代社会。知識と経験を機械に委託しているくせに、身体ではなにもわかっていないくせに、AIなどに助けられてモノゴトがうまく「できる」からこれでいいんだと思いこんでいる現代社会。価値観は「できるわたし」から「多様な自己」へ大きく方向転換しているのに、まだ、できるできる、と浮かれている現代社会。この現代社会にどっぷりとつかってしまっているわたしたちは、だれもがサザエさんのように忘れっぽくてあわて者なのだろうと思います。それでもわたしたちは「いい天気」(参考資料4)とかいっていられるのは、わたしたちが、わかろうとする人やおもしろがる人たちに囲まれているからだろうと思うのです。この章では、そんな、わかろうとする人やおもしろがる人たちの象徴として、Art-Science Link Worker（マスオさん）を主張したいと思います。そうして、Art-Science Link Worker（マスオさん）を尊重することこそが平和への唯一の道でもあることも主張したいと思います。

その1 できるわたし、から、多様なわたしへ

1-① みんなちがって、みんないい、のに何でテストするの？

> 大人は、「みんなちがって、みんないい」とかいうくせに、すぐにテストをして評価したがるう。「みんなちがって、みんないい」ならば、テストが悪くたっていいんじゃないかう？ みんなが大人ならば子どもになんて説明するう？

（以下にご意見をお書きください。絵でもいいよ。）

　筆者は医療工学という分野で長らく開発研究をしてきました。そのいっぽうで、小学校、中学校、高校、大学、企業に行っては、ヒトの身体の補助をする機械のお話とか、開発のお話、さら

に、「イキモノとモノとのちがい」とか「正解のない問題」といったことのお話をしてきました。教えているようであって、じつは筆者が教えられる場面が多いのですが、なかでも小学生とお話をすると、いろいろなことに気づかされます。

　たとえば、大人は多様性(たようせい)という言葉をいろいろな意味で解釈(かいしゃく)して、それを子どもに伝えます。さまざまな生き物がいること、さまざまな人がいること、さまざまな職業があって、さまざまな考え方があって、「みんなちがって、みんないい」(金子(かねこ)みすゞ「私(わたし)と小鳥(ことり)と鈴(すず)と」より)と教えるのです。そうして、その大人たちが、いっぽうではすぐにテストをして、よい、とか、わるい、とか評価をするのです。みなさんはどう思いますか？

1-②　多様性ってなに？

　多様性(たようせい)という言葉がよく使われるようになってきました。たとえば自然環境(かんきょう)の保全や、教育成果のひとつの指標(しひょう)としても重視されつつありますし、差別のない社会の状況(じょうきょう)に使われるときもありますし、科学・技術では生命的なプロセスを意味するときにもこの言葉を用います。

　たとえばイキモノは環境に効率的に適合するいっぽうで、一見

その1　できるわたし、から、多様なわたしへ　　19

むだな多様性を生じるシステムを維持しています。この多様な個体がいることによって環境の急激で不連続な変化が生じたときにも、種の生存が持続しています。環境にたいして最適な形質を身につけていくだけでは、その環境が大きく変動したときにかえって絶滅の可能性が高くなってしまうため、多様性が機能的にはたらくわけです。

> みんなちがって、ほんとうにいいう？　みんながみんなちがうと、意見がまとまらないこともあるう。多様性っていうのがほんとうにいいのならば、その例を書いてみてう〜。

（以下にご意見をお書きください。絵でもいいよ。）

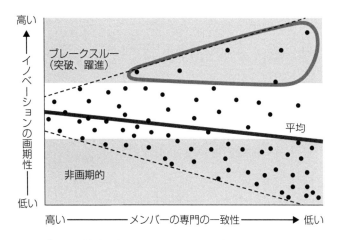

図1 このグラフの横軸は右にいくほど開発メンバーの専門が多様であることを示しています。縦軸は、独自の方法でこのグループが発したイノベーションの価値を定量的に評価した値です。太い実線が表しているように、メンバーの多様性が増えることによって、平均的な価値は下がりますが、ブレークスルー(突破、躍進)となるような、とくに高い(画期的な)イノベーションが生じる可能性はメンバーの多様性があるほど高い結果(囲み部分)となっています(参考文献5)。

 Lee Flemingらは、出願された1万7000件以上の特許内容を分析することによって、イノベーションにおける多様性の意義を定量的に評価しました(参考文献5)。図1のように、特許申請にかかわる人の専門性が多様であるとその特許の経済的な価値の平均値は下がります。けれども、画期的なイノベーションはかえって増えることを定量的に示しています。

 つまり、自分とはちがった特性のヒトがいる多様性と、イノベ

ーションも強くむすびついています。このように、多様性がイノベーションとむすびつくためには、モノゴトを複数の要素に分けて（システマティックに）分析するだけでなく、関係性として統合的に（システミックに）とらえるコミュニケーションが必要になります。たとえばデザイン思考、レジリエンス、といったモノゴトを統合的に理解していく方法論として論じられます。システミックに統合的にモノゴトをとらえる場合の人のコミュニケーションでは、一般に討論よりも対話の形式が重視されます。討論とちがってそれぞれの参加者の世界観がコミュニケーションのなかで変化していくのが対話のひとつの特徴です。以上のように、多様性という言葉は、要素還元的な多様性から統合的な多様性へとやや感性的な視点が加わって解釈されはじめています。

1-③ 平野啓一郎氏の「分人主義」

　ここまで述べてきた多様性は、一種のプログラムのようにコピーしたり伝達することも可能です。つまり、しっかりとした論理として説明することも可能なわけです。けれども、筆者はコピーできない、またはコピーという概念があてはまらない多様性があるのだと考えています。たとえば、精神科医の中井久夫氏は、

「ヒトは自他を区別するシステムに相当のエネルギーを使っている」といった意味のことを述べています（参考文献6）。また、西井涼子氏・箭内匡氏らは、『アフェクトゥス（情動）——生の外側に触れる』のなかで、「影響・作用（アフェクト）されることの中で現実が立ち現れる」（参考文献7）と述べています。これらの言からも想像されるように、自と他が区別される以前、「わたし」という現実が立ち現れる以前にまでさかのぼるならば、一般的な論理としてわかりやすく説明できない場面が生じてきます。ここで、多様性という言葉を考えて、または、感じてみますと、モノや、モノとモノの関係が多様であるだけではなく、それを観察している「わたし」やその周囲の「現実」が多様であることもあるわけです。そこにある「多様な自己」とはコピーできない、またはコピーという概念があてはまらない、対象化できない対象となります。「わたしがわたしである」ことや「いまがいまである」こと、とは精神医学においてはひとつの明白な治療の目的にもなる感覚ですが、論理としてはトートロジー（tautology：同語反復・同義語反復を意味する、修辞技法の一種）であって、「つねに真である」つまり、当然であって語り得ないこととしてあつかわれることが多くなります（注3）。

　このコピーできない多様性を論理的に、しかもやさしく説明す

るのはむずかしい、と思っていたのですが、たとえば、平野啓一郎（ひらのけいいち）氏の、「自己」をひとつの固定された存在ではなく、複数の分人（ぶんじん）としてとらえる考え方「分人主義（ぶんじんしゅぎ）」（参考文献8）は、子どもにも実感をあたえる表現としてすぐれた説明なのだと感じています。わたしから見た世界は世界から見たわたしと矛盾していて、その矛盾を同時に受け入れるシステムが「わたし」や「いま」を成立させている、と、そう考えますと、それぞれの現実（世界観）は、けっして「わかる」ことの対象ではないわけです。そうすると、「わかるわかる」と周囲からいわれることこそが、かえってコミュニケーションが閉じられた状態なのではないでしょうか。このように、みたり・きいたりする対象が多様であるのではなく、

（注3）　言葉や論理性が道具であること

　子どもの感性にいたるうえで、ここがいちばんむずかしいところなのかもしれません。モノゴトが正しいか間違っているかを判断する言葉や論理性が、ヒトやイキモノを理解するのにとても重要な道具であることは間違いのないことだと思います。ただ、論理性はあくまで道具であることの理解は重要であると思うのです。たとえば、言葉や論理をナイフのように使って、そうですね、ミカンを切って、その内部をわかったように見せることはできます。けれどもそれは、ミカンの断層面を見ているだけなのだと思います。皮をていねいに手でむいていくように、ヒトやイキモノの外側をはがして、白いスジや薄皮を引き離していくと、思いもよらなかったそれぞれのミカンの形や味や香りに出会えますよね。この本でいおうとしている身体性（身体で考える）とは、そんなことなのだと思います。

「わたし」という主体が多様であると考えたとき、「わかる」ことではなく「わかろうとする他者である」ことが「わたし」という多様な主体が存続するうえにおいて大切なのだと思います^(注4)。

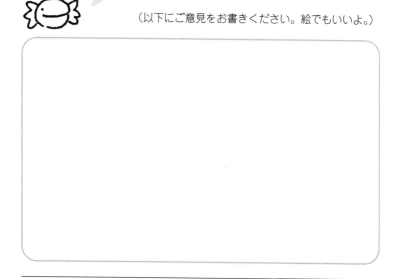

むずかしいけど、「分人」はちょっとわかる気がするう。いろんな「わたし」がいる、と考えるといろいろなことが楽になるう。

（以下にご意見をお書きください。絵でもいいよ。）

（注4） 分人主義

ひとつの「本当の自分」が存在して、さまざまな仮面（ペルソナ）を使いわけて社会生活をいとなむのではなく、対人関係などの環境ごとに複数の人格があって、そのすべてが「本当の自分」である、ととらえる。（平野啓一郎氏のホームページ https://dividualism.k-hirano.com/）

1−④　壮絶でない人生はない

　わかりにくいことを長々と述べてきました。それは、この本で述べる価値「多様な自己」を生きるうえにおいて、どの自己（わたし）もそれぞれに壮絶であって、その壮絶さは比較ができないことが重要であるからです。それは、筆者が学生のころ、ボランティアで長期入院児たちに勉強を教えていたときに、子どもたちからも教えてもらいました。

　弱々しい笑顔でいっしょに遊んでいた少女が次の日には亡くなってしまうような、死が身近にある環境で、あえて大人の言葉で表現するならば、病苦と戦う、とか、死を実感する、といった表現になるのですが、そういった壮絶さが、日常の友人や親御さんや医療スタッフとのほんの小さな自然のやりとりのなかにもあるのです。たとえば、退院したらカレーライスを食べるんだ、とみなに自慢して、本当にうらやましそうな視線を浴びていたり、学校に行けない不安などで暴れてしまったり、親を喜ばそうと演技をしたり……、治療という大義のなかで我慢しなければならない日常の小さなことにも、それぞれに説明しがたい壮絶さがあります。

　それは、こちらのほうがより壮絶である、といった尺度がある

のではなく、だれもが経験するような日常のほんの小さな関係のなかにも、香りのようにして奥深い壮絶さがあるのだと思います。泣きさけんでいた子どもが、あめ玉ひとつで泣きやんだとしても、その泣きさけんでいた壮絶さがあめ玉ひとつの安さであったのではなく、あめ玉の甘い感覚が時としてとてつもない奥深い壮絶さをいやすこともあるのだ、というものの見方のことをお話ししているのです。そうしてそういった壮絶さは、広く正しい視

> 富田先生はボクの質問に答えていないう。「みんなちがって、みんないい」のに、なんでテストするう？

（以下にご意見をお書きください。絵でもいいよ。）

その1　できるわたし、から、多様なわたしへ　　27

野ではなく、あえてせまい視野であるからこそ語りうる内容なのだと思います。

1-⑤　できるわたしも、できないわたしも、SUKI

　いまであれば、筆者は「みんなちがって、みんないい、のに、なんでテストするの？」と問う小学生たちに、こう答えると思います。

　「『できるわたし』だけではなくて『できないわたし』もSUKIだよ」と。

　つまり、「できないわたし」と「できるわたし」を比較(ひかく)してどちらがいいか、ではなく、「できないわたし」がいるから「できるわたし」がいる、「できるわたし」がいるから「できないわたし」がいる、という関係性なのだと思います。たとえば、「できないわたし」がいて、それをだれかがみまもることによって「できるわたし」がいるのならば、テストをすること自体がおかしいのではなく、テストをしただけで、みまもることをしない環境(かんきょう)があるならば、それこそがおかしいのだと思います。

１-⑥ だれもがサザエさんである時代

　前述のように、膨大な知識と経験を機械に委託している現代では、機械をはなれたならばだれもがサザエさんのように忘れっぽく、おっちょこちょいであるのだと思います。テレビアニメ『サザエさん』の主題歌（参考資料４）には、「買物しようと街まで　出かけたが　財布を忘れて　愉快なサザエさん」とあります。これはどう考えても愉快といえる状況ではありません。忘れる当事者の立場になっていただければ、忘れっぽく、おっちょこちょいであることの絶望を想像していただけるでしょうか。社会は忘れっぽく、おっちょこちょいであることを許してはくれません。そうして、何度も忘れてしまう場合には、その当事者はダメ人間である自分を認めるか、グレてしまうかの選択をせまられるわけです。にもかかわらず「今日もいい天気」ということができる周囲とサザエさんとの関係性を、ここでは「マスオさん」と呼んでみます。

１-⑦ イノベーションの前提条件

　前述のように筆者は、「多様性が大事とかいわれるけれど、結

局テストで評価されるじゃないか」という小学生の問いに答えることができずにいました。これと同じことがイノベーションを求める社会にもいえるように思います。一般にイノベーションを起こすのは学者や詩人（アーティスト）であるかのように思われていますが、実際にイノベーションを起こしてきたのは、学者バカや世捨て人とよばれたような、その時代にはむしろ評価されてこなかった人たちではないでしょうか。イノベーションのためには多様性が大切、とかいいながら、結局評価をして学者バカや世捨て人ではなく、説明がじょうずで評価されやすい学者や人気のある詩人にイノベーションを期待しているわけです。

　たとえば、学者である筆者は、時としていかにもわかったような話をします。けれども、その多くは（ある前提条件のもとに）「わかっていそう」な出力をしているだけであったのかもしれません。ただ「わかっていそう」に見せるだけならば、それはAI（Augmented Intelligence）にも出力可能なことです。「おとなはバカだ」と涙を流していた子どものころのわたしたちは、さもわかったように話をする大人たちが、そのもっとも大切な前提条件をわかっていない、つまり「わかっていそうな」出力をしているだけであることに気がついていたのではないでしょうか。

　学者を退職した筆者はいまは詩人をめざす集団のなかにいま

す。まだ教わっている最中なのであまり大きなことはいえないのですが、詩人も、(ある前提条件のもとに)「おもしろそう」な出力をしているだけなのならば、それはAIにも出力可能なのかもしれません。

　わたしたちが大人になって忘れてしまった「ある前提条件」とは、「わたしがわたしである」や「いまがいまである」といった身体性の上にこそ、「わかろうとする」わたしや「おもしろがる」わたしがいる、という前提条件なのだと思います。そうして、そういった身体性は、少なくとも現行のAI単独では不可能なことです[注5]。

(注5)　AIについて
　現行のAIのほぼすべてはAugmented Intelligence、つまり、わかっているかのように見せる、感じているかのように見せる、といったヒトの機能を拡張したものであって、本当にわかっている、感じているわけではありません。それでは、本当にわかる・感じるAI(Artificial Intelligence)は可能なのか、と問われると、これにはだれも答えることができません。筆者は中井久夫氏の言(参考文献6)や自身の実感から、「世界(心的イメージ)から見た主体と、主体から見た世界(物的イメージ)を『同時に』認識するようなシステムが構成できれば、それをもって、『わかっている』『感じている』の基準にできるかもしれない」と考えています。

1−⑧ イノベーターを育てる Art-Science Link Worker (マスオさん)

　本当にイノベーションを望むのであれば、説明がへたな学者バカや、評価されていない世捨て人のような詩人たちが、社会から排斥されずに生きのびる環境が必要になります。そうして、この本で主張したいのは、そういったイノベーションが起きる環境はArt-Science Link Worker（マスオさん）によって構築されている、という仮説です。

　Link Workerとはスコットランドで身障者や老人を対象におこなわれた実行機能障害補助をあらわす福祉用語です。生活の目標を設定したり、他の人とのコミュニケーションを助けたり、手続きのサポートをおこなうヘルパーの総称です。筆者の偏見では、イノベーションの起点となるイノベーターたちも、その優れた創造性とともに、目標の設定やコミュニケーションや手続きには困難を感じている人が多いと考えています。どんな関係性にArt-Science Link Worker「マスオさん」を感じるのかは、それぞれの見方によって異なるのですが、筆者が実感する「マスオさん」とは、モノゴトをうまく説明したり表現できないからといって軽蔑することがなく、かけがえのない存在としてそっとかた

わらにたたずんでいる、そんなモノやコトやヒトです。そうして、イノベーターとなる人の多くは、そのかたわらや心のなかには必ずマスオさんがいて、目の前のモノやコトやヒトに真摯であろうとする姿勢の保持を助けられているように思うのです。

　そうして、このマスオさん関係は「多様な自分を生きる」という価値が育つ土壌でもあります。たとえば他者のそれぞれの世界観は「わかる」ことの対象ではなく、「わかろうとする」対象であって、その「わかろうとする」他者の象徴が、サザエさんの夫であるマスオさんであるわけです。

その2

価値観の大変革と
モノつくり

19世紀初頭の産業革命のあとに、ルイ・ヴィトン、ブルガリ、エルメス、ティファニー、バーバリー……といったブランドが形成されました。さまざまな解釈が可能ですが、産業革命において「できる」というヒトの機能が強力にサポートされることの反動として身体性や人間性がよりいっそう求められた結果である、と考えることも可能だと思います。「できる」という刺激が長く続きますと刺激にたいする反応性は低下しますので、これをおぎなうために「質」という新たな刺激を求めだしたと考えると、これは後述する、「できる」という依存的循環（本書２−⑦、51ページ図３）が製品の個性や特性を生じさせる良循環となった例なのかもしれません。ここで重要なことは、新たな刺激として「質」が求められてきた背景には、「できる」という単一の機能にふりまわされるのではなく、開発者や消費者がゆたかな身体性や多様性を有していたことです。

　製品やシステムといったモノやコトの品質を高めてきたブランドは、近年では環境への配慮や社会貢献活動も新しい価値として大切にするようになってきました。近未来にはいったいなにが起こるのでしょうか。Web3.0（ブロックチェーン技術や分散型データベース）などの登場も加わって、消費者や生産者個人がそれぞれ主人公となりうるような情報環境が整ってきました。また

AR、VRなど、生身の身体性にかわって、さまざまなデジタルの身体性をわたしたちはもつようになってきました。こういった仮想の身体は、わたしたちにイキイキとした多様性を約束するのでしょうか。

　筆者はこう考えています。つまり、科学・技術の発展とともに、みたり・きいたりすることの鍛錬がおこなわれるのであれば、「それぞれが多様な自己を生きる」といった価値観が具体化されていくのだと思います。これは古くて、また新しい価値観であって、これまで人類が経験してきた価値変換とは比べものにならないほど大きな変化をわたしたちにもたらすのだろう、と筆者は予測しています。くりかえしますが、「できる」という依存症的な悪循環におちいらずに、新しい身体性が現代の技術革新の裏側で熟成していくためには、わたしたちがモノゴトをみたり・きいたりする力を身につけていることが必須なのだと思います。

2-① 安全だけどANSHINじゃないモノつくり

　筆者は、工学の大学院を修了してから医学部を再受験して、工学の知識を医療の役に立てる医療工学という分野で開発研究をお

こなってきました。医療現場ではさまざまな患者さんが、それぞれにさまざまな思いで、それぞれ異なった生活をしていますので、その生活をささえる治療方法や、治療器具、システムにも多様な機能と安全性が要求されます。たとえば、杖を象徴的に考えてみます。杖によって歩行が楽になりますので、患者さんはより

> おばあちゃんに杖をプレゼントしたいう。強い（強度が高い）けれども、ポキンと急に折れてしまう杖と、弱い（強度が弱い）けれども、急には折れずに少しずつ曲がってしまう杖のどっちがいいう？

（以下にご意見をお書きください。絵でもいいよ。）

杖に頼るようになります。そうしますと、その杖が折れたり、先が滑ったりすることによって、かえって危険な事態にもなるわけです。この例のようにヒトを助けるためには、安全性にたいする相応の責任もになわなければならないわけです。

　ここで杖が折れないようにその強度に規制を加えるとしますと、企業はより強度の高い杖をつくるために強い材料を使おうとします。材料の強度を上げますと、かたさも上昇する場合が多いのですが、その場合、折れ方はポキンと急に折れてしまうことになります。強化された杖は、ある想定範囲以内の力が加わっているうちは安全ですが、想定をこえる力が加わるとポキンと急に折れてしまいますので、曲がってから折れる場合よりもかえって危険性が高くなります。この例のように、「強い杖」という概念だけでモノをつくると、かえって危険な場合も生じてしまいます。論理的に頭で考えるだけではなく、実際にそのモノを使ってみて「身体で考える」ことの双方が必要になります。ある想定をして、その想定の範囲内で、どのような材料を使って、どのような形にすれば安全か、というように安全性が設計されるわけです。けれども、その製品が本当にANSHINかどうかは、開発者たちが頭と身体を使って、いかに真摯に想定するかにかかってきます。たとえば、排水溝の蓋に杖の先が刺さって抜けなくなってし

まわないだろうか、先が滑ってしまわないだろうか、折りたたみが必要か、重さはどうか、といったさまざまな想定をして、実際にためしていくわけです。

2-② 論理的アプローチと身体的アプローチ

上に述べました杖の設計のように、工業的にモノをつくるときには、使用される想定範囲を設定して、その想定のなかで事故が起きないように最適化することによって安全性を設計します。一方において、どれだけ使う人の立場になって自分ごととして想定範囲を定めるかによってANSHINかどうかが決まってきます。ただし、多くの生活の場面を考慮して、想定範囲を広く、また綿密にすればするほど開発にかかるコストも上昇することになります。またたとえば、杖を使う人の体重や活動度、暮らしている環境や補助者の有無、認知症の有無、性格など、場合を分けて、きめこまかに設計する方法もありますが、それもコストを上昇させ、また、製品のラインアップ（種類）が複雑となり杖を選ぶ側をまどわしてしまう可能性もあります。

ヒトやイキモノがかかわるモノつくりはすべてそうなのですが、使われる条件によって場合分けをしてそれぞれの想定内で最

その2 価値観の大変革とモノつくり　39

適化設計をする論理的なアプローチと、使う人の身になって自分ごととして寄りそって感じてみる全体的・身体的なアプローチの、双方が必要となります。

杖は、たくさん種類がありすぎて、どれにするか困るう。ほかにも、種類が多すぎて困ることがあるよな……？

（以下にご意見をお書きください。絵でもいいよ。）

2-③　全体を身体で把握している人がいない

モノゴトが複雑になると、専門性が必要になります。けれど

も、いろいろなことが専門性に閉じてしまうと、全体のモノゴトを柔軟に把握している人がいなくなってしまう危険もはらんでいます。筆者の専門である医療工学の分野においても、それぞれの病気や患者さんの状況に合わせた診断や治療のための装置やシステムが登場し、かつてはできなかった多くのことができるようになってきました。そうしてその「できる」ようになったことの裏側で、たとえば、膨大な量のマニュアルが理解されないことによ

> モノを作るときにも、種類や性能や規則が複雑すぎてわからないう。みんなはどんなときにそう感じるう？

（以下にご意見をお書きください。絵でもいいよ。）

る事故や、むだな手続き、緊急対応の遅れ、といった例も生じはじめています。現代では多くのモノつくりにおいて、全体を身体的にとらえることのできるヒトがいなくなっているのではないでしょうか？(注6)

(注6) たとえば、型式審査と開発現場とのかい離について

　製品が適正な機能をもっているか安全であるかを審査する型式審査は、国際的に重要になりつつありますが、その審査基準と開発現場の意思疎通には困難が生じます。本文中に何度か述べましたように、その製品が本当にANSHINかどうかは、開発者たちが頭と身体を使って、いかに「真摯に想定」するかどうかにかかってきます。つまり、想定内で最適化設計をする論理的なアプローチのみならず、使う人の身になって自分ごととして寄りそって感じてさまざまな想定をする、全体的・身体的なアプローチの双方が必要となるわけです。製品の型式審査とは、想定の範囲を定めたうえで、そのなかで製品が満たすべき最低の基準を示した論理的なアプローチの規則であって、開発現場では、そこからさらに自分ごととして全体的・身体的なアプローチをおこなって想定範囲をさまざまに広げてみることが求められるわけです。けれども、論理的アプローチである型式審査の枠をこえて、全体的・身体的なアプローチがおこなわれた場合に、それがオーバースペックではないことを論理的に説明するのは簡単ではありません。全体的・身体的なアプローチの重要性はその「真摯」さにありますが、「真摯」さを定量的、論理的に表すことが困難であるため、論理的アプローチと全体的・身体的アプローチの間にかい離が生じるのだと思います。たとえば、開発でおこなわれた安全テストの結果が内容の異なる型式審査用のデータとして用いられることは、たとえ開発データが型式審査などで定められた枠をこえて、さらに高い安全性を考慮したデータであった場合であっても不正になります。論理的アプローチと全体的・身体的アプローチの混同は許されることではありません。しかし、時としてこのふたつのアプローチのかい離が開発者たちにとってはもどかしく、また長期には現場の「真摯」さを奪ってしま

つまり、想定された範囲内での安全性は確保されても、未知の危険性を予測し、対処するような身体性の欠如によってANSHIN性はかえって低下しているように思います。

　AI（Augmented Intelligence）の登場は、一見この細分化・専門化による弊害をカバーしてわたしたちを助けてくれるのです。けれども、AIは、ヒトが身体性や現実感を失った状況のままモノゴトだけをうまく進ませてしまうために、身体的に全体

う原因にもなるのだろうと思います。不正に対しては厳重に対処すべきですが、これとは別に、高い質をめざした真摯なアプローチが数値競争のなかでオーバースペックのように扱われてしまう事例は、モノつくり現場にとってとても重要な悪循環の源になりうると思います。

　筆者はこう考えています。この本でも述べていますように、今後、グローバル社会が、個々それぞれの世界観を大切にして、安全からさらにANSHINを求める方向に動いていくならば、型式審査のようなルールつくりの側にも全体的・身体的なアプローチの価値観を受け入れる柔軟な姿勢が必要となります。それは簡単なことではないのですが、審査側が足を使って何度も現場に行き、みる・きくこと、そうして対話をすることによって、安全からさらにANSHINを考慮しうる「型」（参考文献9）が現れてくるのではないかと考えています。臨床的視点の項でもお話ししましたように、論理的アプローチが先または上にあって、モノゴトを制御するのではなく、むしろ全体的・身体的なアプローチが論理的アプローチに先行し、その実践（プロトタイプ）を通して発見された問題点が論理的アプローチを道具として用いて改善されていく姿勢がANSHINを求めるうえで重要であろうと思います。

　蛇足です。さまざまな分野の現場で活躍をしてきた友人たちと雑談をしていますと、「役人が現場に足を運んでくれたらなあ」という言葉をよく耳にしま

を理解している人がいないことを、わたしたちはつい忘れてしまうのだと思います。くりかえしますが、想定内の事態にたいしてはAIなどが適切に対処してくれますが、想定外のシステムの故障などが生じたときにはじめて、わたしたちはそれに対処する身体性や現実感を失っていることに気づくのです。

　いっぽうにおいて、かつて欲求に従ってモノやコトを創り出してきた産業が、今は欲求をわたしたちのなかに創りつつありま

す。また役人の友人は「本音ではわかっているけれども公的立場ではいえないよなあ」と語ります。この両者のギャップは、論理的アプローチが上位にあって全体的・身体的なアプローチがその制御に従ったり忖度するような習慣にあると思います。規制側も臨床的な視点からの真摯さを体験したうえで、その真摯さを蹂躙しないように形式が定められることが、次世代のモノつくりにおいてとても重要なのだと思います。

　ただし、ヒトそれぞれの世界観は異なり、正解はひとつではありません。モノがヒトに寄りそい、同時にヒトがモノに寄りそうためには、注8（89ページ）にも述べますように、「王さまは　はだか　だ」とみなが口々にいえるような環境が必要なのだと思います。この本で述べているような価値観（それぞれが多様な自己を生きる）は、多くの人が内心では望んでいて、しかしだれもがその本音を言葉で表出できない環境のなかにあるのだと思います。いずれこの不満はさまざまな場面で世に吹きだすのでしょうが、現場における忖度や不正ではなく、高い地位にある人が全体的・身体的なアプローチの価値観を受け入れて、論理的アプローチとの間に生じるかい離の責任を公然とにない、現場がその意気にこたえてANSHIN性を守るような、穏やかな価値改革が進行していくことを望むわけです。

す。テレビやSNSといったメディアなどを通じて具体的な商品への欲求は日々無意識のうちにわたしたちのなかに埋めこまれています。情報技術の革新的な進歩は、さらに、モノつくりや教育などのさまざまな場面で、有用、効率、快適、便利、安全、といった目的の達成を最適化しつつあります。欲求を生産する技術、その欲求を充足させる技術の発展は人の歴史のなかで何度もくりかえされてきましたが、今日ほど大量の情報が創られ、検討されるような変化は19世紀初頭の産業革命時にも見られなかったのでないでしょうか。

　杖の設計の例でもお話ししましたように、想定範囲を定めて最適化をおこなうことによって、想定範囲内においては安全性を確保できます。けれども、全体を身体として把握して真摯にそれぞれの想定範囲を設定しなければ、ANSHINではないわけです。医療にかぎらず、モノつくり、教育、福祉など現代社会のさまざまな場面において、このようなモノゴトの細分化と身体性や現実感の欠如が大きな問題にふくらみつつあります。

> いろんなヒトに寄りそって製品やシステムをつくるのはいいことだう。たしかに複雑な説明書を読むのは面倒くさいけれど、便利なんだから仕方がないう。みんなの意見を聞かせてう〜。

（以下にご意見をお書きください。絵でもいいよ。）

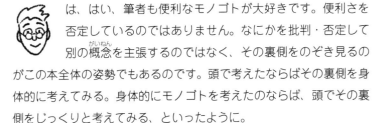

は、はい、筆者も便利なモノゴトが大好きです。便利さを否定しているのではありません。なにかを批判・否定して別の概念を主張するのではなく、その裏側をのぞき見るのがこの本全体の姿勢でもあるのです。頭で考えたならばその裏側を身体的に考えてみる。身体的にモノゴトを考えたのならば、頭でその裏側をじっくりと考えてみる、といったように。

2-④ あえてせまい視点から

> 複雑すぎてANSHINじゃないのはわかるけれど、じゃあどうすればいいう？ 富田先生がいってることはむずかしいう。みんなはわかるう？

（以下にご意見をお書きください。絵でもいいよ。）

　わかりにくい表現でもうしわけないのですが、モノつくりにかぎらず、政治や経済の動きでも機能化と複雑化（ふくざつか）によって身体性が失われつつあるように思います。そうして、身体性が失われることによって、戦争のような大きな流れも生じているのだと思いま

す。社会に大きな流れが生まれる歴史を調べることは大切なことです。けれどもそういった歴史の文脈は、ひとりひとりの人間の生きざまに比べるとよほど陳腐(ちんぷ)であるようにも感じます。ひとりひとりの周囲にはそれぞれの奥行きのあるすばらしく壮絶(そうぜつ)で繊細(せんさい)な現実があるのに、ヒトはその時々の社会の陳腐な要件のなかで木の葉のように吹きとばされています。この陳腐さが支配する社会に対峙(たいじ)して広い視点から正義を語るのは、それはそれですばらしいことだと思います。けれどもこの本では、あえてひとりひとりのせまい視点、そうしてその裏側にある心の病理から、モノゴトを考えてみたいと思うのです。

　わたしたちはそれぞれに奥行きのある壮絶でゆたかな価値の世界に住んでいるのに、集まって集団になると、とても陳腐な社会や戦争を生んでしまう。そのひとつの要因として、「できる」という機能にかかわる依存症(いぞんしょう)の存在があると思うのです。そのことを説明していきたいと思います。

2−⑤　ヒトの依存症について

　イキモノは刺激にたいして反応しますが、刺激が長くつづきますと刺激にたいする反応性の低下（疲労(ひろう)現象）も生じます（図

2)。このとき、低下した反応性をおぎなおうとして刺激をさらに増加させると、さらに反応性は低下しますので、さらに刺激を求め、またさらに……という循環(じゅんかん)が生じるときがあります。特定の物質や行動をやめたくてもやめられない状況(じょうきょう)におちいってしまういわゆる依存症(いぞんしょう)は、この循環が悪い方向に進んで、いわゆる悪循環に至った例であると考えられています。お酒、性欲、薬剤、賭博(とばく)などあらゆる物質や行動に依存症の可能性がありますが、わ

でも、大人って、これはダメ、あれはダメって、いいすぎなんじゃないかう？　そういわれると、よけいにやりたくなるう〜！

（以下にご意見をお書きください。絵でもいいよ。）

たしたちの身のまわりをふりかえってみますと、ついついつづけてしまう習慣といった状況は日常にも数多くありますし、そういった循環から個性や特性も生まれますので、必ずしも悪い循環ばかりではないことにも気がつきます。

2-⑥ 多様性の欠如による依存症発症

図2に示すように、依存的な循環が多様な環境内で生じるのであれば、ひとつの刺激・反応の悪循環におちいることはなく、む

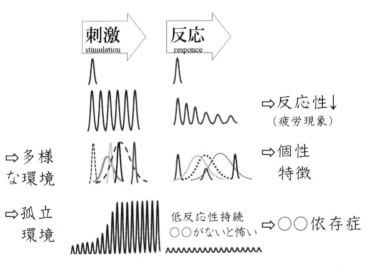

図2 刺激の持続による反応性低下（疲労）と孤立環境における依存症発症

しろさまざまな個性や特性を生む仕組みでもあります。けれども コミュニケーションなどが断絶した孤立した環境内で依存的な循環が生じると、刺激が多くても反応性が極度に低い悪循環となり、依存症を発症させてしまいます。自然界でもとくにヒトが多くの依存症を発症させるのは、快感や満足感にたいして反応する脳のシステム（報酬系）をもっていることと、不安やストレスを生じやすく、多くの物質や行動へのアクセスがよい社会を形成していることが原因であると考えられています。

　けれどもここで重要なことは、依存的な循環が悪循環となって依存症となるいちばんの要因が、図２のいちばん下に示すような孤立して多様性が失われた環境であることです。依存症の多くが、コミュニケーションが断絶した状況のなかで発生しやすいことが知られています。

2-⑦　「できる」という依存症

　ここで主張したいのは、「できる」という機能や能力や技術にたいする依存的な循環の存在です。わたしたちは子どものころから、「できる」という刺激にたいして、家族や学校や友人たちからの賞賛や評価といった反応をもらうことがあります。けれど

その2　価値観の大変革とモノつくり　51

も、やがて「できる」にたいする反応は低下し、低下した反応性をおぎなおうとしてより「できる」に邁進する場合があります（図3）。図2と同じように、ここで重要なことは、依存的な循環が悪循環となって依存症となるいちばんの要因として多様性の欠如があることです。「できる」依存症の場合は、単に周囲に多様さがあるだけではなく、「自己の多様性」の欠如であることです。この自己の多様性の欠如とは、本書1－③（21～24ページ）でお話ししました、「わたし」という主体が多様であることですし、また多くの分人であることです。たとえばある「でき

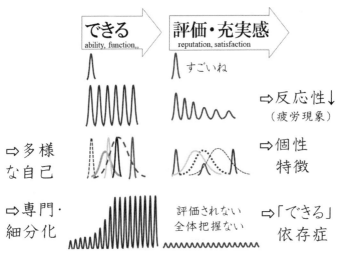

図3　「できる」という依存的循環と専門化、細分化による依存症の発症

る」の評価のみにとらわれてしまって、「できない」ところから別の「できる」自分が生じるような柔軟さが失われている状況にあることです。

なんで勉強や習い事に「はまる」のはいいことなのに、ゲームに「はまる」のはだめなんだう？　勉強依存症の人だっているんじゃないかう？

（以下にご意見をお書きください。絵でもいいよ。）

2−⑧ 人間拡張──「ヒトに寄りそうモノ」と「モノに寄りそうヒト」

　人間のもつさまざまな機能を技術によってサポートし、さらにより高い機能を得ることを総称して人間拡張(human augmentation)と呼びます(参考文献10)。ヒトが外部から情報を得たり、外部にはたらきかける行為を道具やシステムを用いて助けるならば、それはすべて人間拡張です。近年ではAR、VRなどを組み合わせて感覚の場を広げたり、分身ロボットを用いてより効率的に人の機能を助ける技術が急速に進歩しています。使いなれたメガネや義肢といった道具がもうその人の身体の一部のようになるのと同じように、これらの技術もいずれわたしたちの身体の一部のようにとりこまれるのだろうと思います。このことを「ヒトに寄りそうモノ」(参考文献10)と表現してみます。ここでモノとは、「ここにある」と定義できるすべて、たとえばインストールされたシステムなどもふくめた概念になります。

　ここで、「ヒトに寄りそうモノ」のちょうど裏側にあたる「モノに寄りそうヒト」といった視点で、「人間拡張」を感じとってみたいと思います。「ヒトに寄りそうモノ」という視点は、「世界からみたわたし」の視点であるのにたいして、「モノに寄りそう

ヒト」という視点は「わたしからみた世界」の視点になります。これは前述の「アフェクトゥス」や「分人主義」の感じ方の基本にありますように、「わたし」や「いま」という現実が関係性のなかから立ち上がってくる、という感性の立場に立脚しています。モノのコピーはできてもモノにたいするそれぞれの愛着はコピーできないように、この関係性をコピーという概念にあてはめるのは困難です。「わたし」がコピーする側ではなくされる側であることは困難であるわけです。

　さてここで、前述の「できる」という機能や能力や技術にたいする依存的な循環を考えてみます。人間拡張技術によって「できる」という刺激が持続的に人にあたえられたとき、やがてその「できる」にたいする反応は低下します。ここで、低下した反応性をおぎなおうとしてより「できる」に邁進した場合、この依存的な循環が悪循環となって依存症となるいちばんの要因は、ここで述べたような「自己の多様性」の欠如であるわけです。前述のように、もし、ある「できる」の評価のみにとらわれてしまって、「できない」ところから別の「できる」自分が生じるような柔軟さが失われている状況下で、「ヒトに寄りそうモノ」が際限なく「できる」技術を供給しつづけたならば、ここに大きな「できる」依存症が生じる危険性があります（51ページ図3）。

「ヒトに寄りそうモノ」のちょうど裏側にあたる「モノに寄りそうヒト」、たとえば、みたり・きいたりすることの鍛錬があれば、多様な「わたし」や「いま」という現実が立ち上がり、コピーできない、唯一無二の多様な自己が実現するわけです。

2−⑨ カッコわるい Art-Science Link Worker（マスオさん）

ここでふたたび、わたしたちのかたわらや心のなかに、そっとたたずんでいるマスオさん（関係）を考えてみたいと思います。

「多様な自己を生きる」わたしたちをささえてくれるマスオさんを考えるとき、そのカッコわるさを強調しておきたいと思います。「わかる」ではなく「わかろうとする」、「おもしろい」ではなく「おもしろがる」マスオさんを大切にする社会とは、カッコわるさを見直す社会でもあります。誤解をおそれずに述べるならば、賢く偉い人たちによってわかりやすく意識化された（いわば陳腐な）「問題」の提示とその短絡的な解決法の提示によって、それぞれの奥行きのある壮絶な人生が蹂躙されてしまうところに、悲劇の源があるのだと思うのです。

前述のように、現代ではさまざまな仕事が「クレーム対応」に

なっています。マニュアル対応による社会の複雑化(ふくざつか)とともに、その複雑さを理解してお得に処世(しょせい)する賢く偉い人たちが一見カッコいいのかもしれません。けれども、「わかろうとする」「おもしろがる」マスオさんのカッコわるさにこそ奥行きのある壮絶な人生があるように思います。

　マスオさんのカッコわるさは、その「のぞき」体質にもあります。いつも「できる」「わかる」ことの裏側をのぞき見して「できる」「わかる」賢い偉い人の腰を折ってしまいますので、賢い偉い人たちからは敬遠されますし、大衆からもあまり尊敬されません。新しい事実を提示したり、自身の世界観でぐいぐいとヒトをけん引するわけでもありません。けれども、身体性や現実感の欠如(けつじょ)はどこかで了解しているところがあって、みたり・きいたりの鍛錬(たんれん)をする学者や詩人（アーティスト）をささえることに奔走(ほんそう)したりもします。

　さらにマスオさんは、このみたり・きいたりの鍛錬のなかにある「できる」「わかる」の裏側ものぞき見してしまいますので、どこまでいってもカッコわるいわけです。しかし、この評価される心地(ここち)よいところにあぐらをかいてしまわないカッコわるさこそが、少なくとも筆者から見ますとホンモノである証拠のように思えます。

蛇足ですが、筆者が詩人のように感覚の世界を述べたのならばその世界観をひやかし、筆者が学者のようにモノゴトを論理的に説明しようとしたならばその論理の裏側を提案して、この本をカッコわるい体裁にしてしまうために、チビウオ君に登場してもらっているわけです。

2－⑩　価値観といいますか目的といいますか、そういったこと

　筆者自身は、Art-Science Link Worker（マスオさん）ではありません。学者や詩人（アーティスト）のカッコよさに強くあこがれてきた人間です（参考文献1、2、11）。筆者が京都大学を退職してから京都芸大に行ったのも、当初は詩人（アーティスト）のカッコよさへのあこがれが動機であったのだと思います。けれども、筆者には悪いクセがあるようです。それは、自分の属する集団の価値観といいますか目的といいますか、そういったことをすぐに忘れてしまって、いわゆる、ちゃぶ台返しをしてしまいます。けっしてわざとではないのですが、その集団の価値観といいますか目的といいますか、そういったことを把握しているらしい人たちからは浮いてしまうわけです。

ところが、京都芸大に来てみますと、なかなかその価値観といいますか目的といいますか、そういったことを把握しているらしい人にお会いしない。みんなおたがいに浮いているわけです。そんな状況にどこか安心してしまうところがあって、あまりよくないことではあるのですが、ここにあぐらをかいてしまいました。

筆者があぐらをかいていすわってしまったのは、美術科の新入生全員が、専門科にかかわりなく受講する「総合基礎実技」という実習授業です。筆者は特別の許可をいただいて、学生とともにこの授業をもう４年間も受講しているわけです（参考文献12、13）。この授業は、価値観といいますか目的といいますか、そういったことは、それぞれ自分で決めなさいよと強く主張している授業です。そうして、この京都芸大におけるアート教育が、わたしたちが忘れかけている知恵、たとえば、画一的な価値観に流されずに、それぞれが自分ごととしてモノやコトに対峙する習慣のようなもの、そうして、モノゴトを自分でみたり・きいたりする力を育てているのを知りました。

次の章（その３）では、学者や詩人（アーティスト）のカッコよさにあこがれていた筆者が、Art-Science Link Worker（マスオさん）にあこがれるようになった経験をお話ししたいと思います。

その2　価値観の大変革とモノつくり

富田先生は、京都大学にいたときに「変人講座」って題名の講座にも出ていたう（参考文献2）。てことは、「変人」ってやつう？　そんな先生が京都芸大と気が合ったう？　も、もしかして、この本を読んでいるみんなも「変人」う？

（以下にご意見をお書きください。絵でもいいよ。）

あの…、変人って、ほめ言葉ですよね？

その3

身体性を求めて
とびはねる人たち

ここまで、わたしたちが複雑化・機能化した社会のなかで唯一無二で多様な自己を見失いはじめていること。そうして、「できる」という機能を求めて発展してきた社会が、新しい多様な身体性を求める、価値観の変革が訪れるであろうこと。その価値観の変革が良循環になるか悪循環になるかは、みる・きくことの鍛錬にかかっているであろうことなどをお話ししてきました。

けれども、筆者が述べているような価値観の大変革は本当に起きるのでしょうか？　筆者が述べる価値観変革の流れとは、わたしたちそれぞれの心の奥底に、深く潜行している流れなのだと思います。この変化が行動や現象といったモノゴトにあらわれだすのは、もっとあとになると思います。そうして、その潜行した流れを知るために、わたしたちは「おとなはバカだ」と涙を流していたそれぞれの子どものころの感性に、もういちど共鳴してみる必要があるのだと思うのです。

本章では、実際に京都芸大で筆者が経験しているアート教育をご紹介したいと思います。「総合基礎実技」という奇跡のような授業のなかでは、先生も学生もみな、もやもやとした混沌のなかで悩み、さまよい、そうしてそれぞれの世界観やその表現を発見していきます。ここでは新しい時代の新しい「できる」に寄りそう新たな身体が求められていて、苦しく、また朗らかにとびはね

ようとしている躍動(やくどう)の姿も見えてくるのです。型にはまることが好きであったり嫌(きら)いであったり、微妙な感覚のずれが、よかったりわるかったり、昔からある感覚ではあるのですが、その流れは、情報技術などによってささえられ、また失いつつある身体性への反動のようにも思えるのです。

しかし、言葉で書かれ、動画をふくまないこの本において、その世界観や作品の感覚を紹介することはむずかしいと思います（総合基礎や、総合基礎をまねて社会人向けにおこなっているアート演習の動画はウェブにも公開されていますので、巻末の参考文献9、12、13などをご参照ください）。ここでは、みたり・きいたりすることの鍛錬を受けていなかった筆者が、総合基礎実技に接してとまどったこと、驚いたことなどをそのまま記述してみたいと思います。

3-① 教育（教え育てること）の裏側を のぞき見する（アート演習）

医療工学(いりょうこうがく)、つまり工学を医療に生かす仕事をしていた筆者が、アート分野に興味をもった理由はいろいろありますが、妻がある医療事故で死ぬ寸前のところまで追いやられたことが、ひとつの

きっかけでありました。どうして事故は起こったのだろう、そうしてその医療行為はする必要があったのだろうか、などといろいろと考えをめぐらしていると、そもそも現在では医療にかぎらず多くのモノゴトが「他人ごと」におこなわれていることに思い至ったわけです。

　医師は検査や治療の危険性をきちんと説明しますし、それを承知のうえで本人が承諾(しょうだく)したからこそ医療行為が成立しているわけです。また、もちろんのこと医療も技術開発もいいかげんにおこなわれているわけではけっしてありません。けれども、もう少し話を広げて、技術が本当に役に立つためにはどうすればいいのだろうか、と考えてみます。すると、本当のゆたかさのためには、ただ他人ごととして「できる」だけではなく、自分ごととして「できる」でなければならないわけです。

　本書2-①、②（35〜39ページ）で説明しましたように、自分ごととしてモノつくりの想定を定めなければ、ANSHIN(あんしん)ではないわけです。たとえば、アート作品はその作品の技術の高さ云々(うんぬん)の前に、まず自分ごととして創(つく)られたものでなければならない、という立場があります。けれども、現実として多くの場合はアート教育においても、どれだけ「できる」かという、技術で評価せざるをえない場面もあるわけです。

こういった教育（教え育てること）の裏側をのぞき見するとき、京都芸大のアート教育やアート現場において、しばしば「できてしまう」という言葉が使われていることに興味をもちました

> 芸術大学の入学試験を受けずに、いきなり授業に参加できるんかう？

（以下にご意見をお書きください。絵でもいいよ。）

筆者は特別の許可をいただいて、アートの基本技術がないままに特別に参加させていただきました。つまり、「できる」人たちのなかに、「できない」まま飛びこんでいろいろご迷惑をおかけしました。でも、「できない」からこそ得られた多くの発見もありました。

(参考文献2、9、13、14)。つまり、技術的に「できてしまう」ために、自分ごとではなくなってしまう場合があるのです。

3-② 「疑う」から「裏側をのぞく」へ

　京都芸大は日本でもっとも長い歴史をもつ芸術系の大学で、設立当時からアートの視点を工芸、産業、社会などに広く貢献させることを基本理念としています。とくに、身体を使った造形・創造の経験のなかからモノゴトの本質を発見する「身体性」を重視する教育を徹底している大学でもあります。筆者は、そのもっとも象徴的な授業である「総合基礎実技」を京都芸大の新入生たちといっしょに体験する特別の機会に恵まれましたので、そこで受け取った感化と教訓をご紹介してみたいと思います。

　蛇足ではあるのですが、1960～70年代ごろに世界中で大学改革の嵐が吹き荒れました。さまざまな動きがあったのですが、そのひとつに権威主義的な教育をやめよ、という動きがありました。さまざまな分野で偉そうにしている「先生」を想像するならば、この反権威主義はおおいに納得できるのですが、さてそれでは権威主義的でない学問とはどんな学問なのか、と問うてみると、それはとてもむずかしいのです。ヒトがかかわる分野におい

てはだれもが認めるように、そもそも絶対的に正しい知識はありません。入試問題に出てくるような基礎的な知識でさえ、その時代の価値の基準をになう人たちが権威的に定めた知識であるわけです。そうして、どのような学問も、それぞれの前提(ぜんてい)条件のうえに知識を成立させています。その前提条件をも、つねに疑いながら学生への教授や学術活動をおこなうことこそが自由(おのずからによる)な学問なのですが、それはとてもむずかしいことです。権威主義的な教育の撤廃(てっぱい)をめざした大学改革の多くは失敗に終わっているのではないでしょうか。それは、改革を進める活動家自身の自己否定(参考文献15)が、改革には必要になったからなのだと思います。

　なぜ、京都芸大の総合基礎実技は自由(おのずからによる)な世界観の構築を第一とする精神を実現しつづけているのか。これは、学問や先生という立場が成立している学問の前提条件を「疑う」のではなく、身体でその「裏側をのぞき見」しているからであろうと筆者は考えています。唯一(ゆいいつ)の正解、唯一の自己、唯一の世界観でモノゴトをあらわすことは不可能であると思います。そうしてそうであるならば、批判、否定という作業のくりかえしによって真実にたどりつくことも不可能になります。ですから、前提条件もそれを「疑う」のではなく、身体で「裏側をのぞき見」

して、そこにそれぞれの新しい世界観が立ち上がるのを発見するわけです。身体で「裏側をのぞき見」する。これは簡単そうにみえてとてもむずかしいことです。

> むずかしいことはいいから、京都芸大の授業のようすを早く知りたいう。

（以下にご意見をお書きください。絵でもいいよ。）

総合基礎実技の内容を言葉で説明するのはむずかしいなー…うまく伝わるかなー。

3-③ 課題の意味は自分で発見する

　総合基礎実技は、京都芸大の美術学部に入学したすべての新入生が、所属する専攻の枠をこえて半年間にわたってさまざまな課題に取り組む実技授業です。専攻の枠をこえてアートの基礎力を身につけるための授業ですが、そのこえてしまう「枠」とは、いわゆる描写力や立体構成力といった入学試験でためされるような基礎技術もふくまれています。つまり、大学が公式に認めたアートの基礎さえも、いったん捨ててしまう立場で学生と接するわけです。もちろん基礎技術を軽視するわけではないのですが、可及的に前提を取りはらってモノゴトの本質や人間の根源的な活動を体験する場となっていきました。授業には多くの分野の多くの教員がかかわって、毎年異なる大小の10程度の課題が出題されます。たとえば、筆者が参加しました2021年度の第1課題「伝える術」課題A「与えられたエリアの平面図を描く」と課題B「与えられたエリアを伝える」では、京都芸大キャンパス全域を新入生の人数分の区画に分け、それを各新入生の王国として分配します。そうして、自身の王国を象徴・代表する場所を選んで、その平面図を描く課題でした。

　わたしたちは、毎日自国の敷地内にたたずんで、モノを収集し

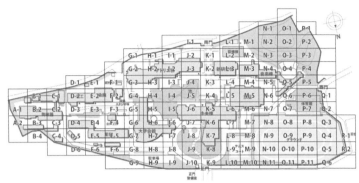

図4 京都芸大（旧・沓掛校舎）の敷地が新入生一人一人に王国としてあたえられ、新入生たちは自分の王国にボーッとたたずんで構想をねります（参考文献9）。

たり、そこを通る人とコミュニケーションをして、なにかを物々交換してみたり、その場所の歴史を調べたり、ボーッと地面をながめて観察したり、そこで考えたこと、迷ったこと、感じたことを絵にしてみたり、その場所にあったモノを調べてみたり、物語

を考えて漫画にしたり、動画をつくったり、すごろくにして表現したり、箱庭にしてみたり、新聞をつくったり、国境線をつくったり、交通量を計測したり、かるたをつくったり、音や風を画像にしてみたり、カタカナにして表現してみたり、カタツムリ目線で表現してみたり、木洩れ日を描いてみたり、観光スポットに見立ててみたり、組み立て型のジオラマをつくったり、こわれた部分を見つけてその修理を大学の総務と交渉してその経緯を表現したり、排水のしくみを調べて絵にして解説したり、草の生え方のしくみを考えて絵にしたり、場所場所の印象をオノマトペに表現してみたり、荒れた場所に道をつくって開拓したり……なんとかその場所の世界観を身体でとらえて、表現しようとしました（図4）(参考文献9)。

　あたえられた意味を課題のなかに探し出すのではなく、意味はそれぞれ自分のなかに発見するわけです。ときどき巡回してきてくれる教員とお話をすると、教員はそれぞれの世界観を学生に示してくれるのですが、学生はその世界観をおもしろがりながら、しかし完全に同調することはありません。それはその先生の世界観であって、なによりも観察している学生本人がそれぞれの「いま」や「わたし」を発見することが大切だからです。たとえば、筆者にあたえられた王国には鉄のマンホールと枯れ葉と土があり

ましたので、絵を描くにあたっては、まずさびた鉄の冷たい感覚、かわいた枯草のさわさわとした感触、そうしてしめった土の質感のちがいに気をくばりましたが、しかし、それだけではただの絵の質感表現の訓練になってしまいます。自国の敷地内にたたずんでそこに棲(す)む知的な生命を妄想(もうそう)してみたり、風や日差しの変化のなかにぼんやりとたたずんで、自由(おのずからによる)な自分を発見しようとするわけです。

3-④ 「うろうろしろ」
　　　　「こだわれ、妥協するな」
　　　　「ナルシストたれ」

　筆者は工学部と医学部の双方(そうほう)の学部を卒業しましたので、これまで理科系の実習を数多く経験してきました。そこでは実習課題をうまくこなすために課題の目的をすばやく把握(はあく)することが重要であったのですが、京都芸大では、そもそも、課題の目的は自分で定めなければなりません。また工学部、医学部では、課題を効率よく遂行(すいこう)するための計画性や同じ班の人との協調性が重要となります。総合基礎実技でも計画性や協調性は重要なのですが、同時に「うろうろしろ」「こだわれ、妥協(だきょう)するな」「ナルシストたれ」といった言葉が学生にあびせられます。計画性をもって効率

その3　身体性を求めてとびはねる人たち　73

> うろうろしろ？　こだわれ？　妥協するな？　ナルシストたれ？　富田先生は、みんなを変人の仲間にしようとしているう。

（以下にご意見をお書きください。絵でもいいよ。）

それぞれが多様な自分を生きるって、まわりからみたら変人？

的に行動することと、明確な目的をもたずにウロウロすることは、言葉で考えると対立概念のようですが、身体でそれを受けとめて感じてみると、あたえられた課題を漠然と頭においてウロウロと歩きまわりながら自身の行動を決めていくことは一貫した営

みであるわけです。つまり、頭だけで考えると対立や矛盾である概念が、実際に身体で受けとめると、同じモノゴトの表・裏の表現として感じられます。また、周囲の人と協調することと、自身の感性にとことんこだわり、妥協せず、時にナルシストであることも、言葉で考えますと対立のように考えられます。けれども、実際におたがいの異なる感性を身体で受けとめて正直にぶつけ合ってみると、協調と非妥協もともに生きていく、という同じいとなみのなかの単なる表・裏の表現だと感じとることができます。筆者は2021年以前から総合基礎実技の見学はさせていただいていたのですが、学生として参加をして、この（言葉のうえの）矛盾と（身体的な）共感を同時に認知する体験は、想像以上にきびしく、また、すばらしい経験でありました。

3-⑤ 「本当にそんなことをしたいの？」

またたとえば、工学部や医学部の実習では、考えが発散したり固執したりしがちな学生にたいして教員が客観的な指標や知識を提示して助け舟を出します。それにたいして京都芸大では、「本当にそんなことをしたいの？」といった教員からの疑問が投げかけられます。もちろんのこと、教員は助け舟を出しているつもり

> そういえば、自分が本当になにをしたいのかって、むずかしう。でも、早く技術を身につけて、なにかができるようにもなりたいう。

（以下にご意見をお書きください。絵でもいいよ。）

それもわかるなー

なのですが、学生の立場からしますと、迷い、苦しんでやっとたどりついた具体的な制作行為を奪われて、ふたたび混沌とした大海原に放りこまれる感があるわけです。これも「助ける」と「妨

げる」という対立概念(がいねん)が身体では表・裏として感じられる例だと思います。「助ける」とは、その裏側に「妨げる」も内包していてこそ、多様(たよう)な状況(じょうきょう)を自分ごととして乗りこえる本当の「助ける」になるわけです。

　さらに課題作品の提出では、「提出の締(し)め切(き)りだからといって適当なところで完成させるのは絶対にだめ。途中でもいいから質(しつ)を落とさないこと」と釘(くぎ)をさされます。これも、提出されたモノやアイデアの完成度を基準に採点される一般の評価方法とはまったく異なる指針でした。たとえ締め切り前に作品ができあがったとしても、締め切りぎりぎりのところまで、そもそも完成とはなにか、本当にこれが自分のやりたかったことなのか、などと自分に問(と)うてみなければならないことになります。

　「総合基礎実技」を体験した学生たちは苦しみながらも「身体性」、くりかえすならば、身体を使った創造の経験のなかからモノゴトの本質を発見する姿勢、を教えられているのだと感じました。

3-⑥ 科学は自然の合理性の
　　　　ほんの一部分を見ているだけ

　ある課題では、学内の並木道の木の高さや位置を測定して、次ページの図５ａのように木材の構造として再現させることが求められました（参考文献9）。もちろんのこと、この課題においてもその目的はそれぞれが自分自身で発見するのです。

　また「設計図」と称して渡された木材の加工図には、完成品のおおよその外形とともに、「材料を運ぶ」「ある位置でカットする」「ビスでとめる」といった基本的な作業だけが記されていました。さらに測定と再現で基準とする長さはメートルといった規定の単位ではなく構内にある彫刻（幸野楳嶺像）の台座の横幅を１単位として計測します。

　当時、筆者が感じた感覚を正直に表現しますと、筆者は「設計図」や計画の「いいかげんさ」に困惑をしてしまいました。漫然と作業を進めると、木を切る回数が多く、むだな端材もたくさん出てしまう（図５ｂ）ことが明らかだったからです。また、目標とする最終形状も、図面の見方によっては異なって解釈されます。さらに、人数に対してじゅうぶんな数の道具があるわけではありませんでしたので、作業は中断を余儀なくされたり、時間口

図5 （左から）a：課題／並木の再構築、b：生じる木片、c：木片を用いた補強（参考文献9）

スも多くなります。これらの不合理に頓着せず、嬉々として目の前の作業に取り組みはじめる同僚の学生たちに押されて、筆者も、とにかくのこぎり挽きなどの身体活動に汗を流していました。そうすると、学生たちはロスの時間で作業によって生じる端材で遊んだり（図5b）、ある班では構造の補強に端材を使ったりもします（図5c）。

　そうして、作業を進めているうちに、これらすべてのこと、つまり、一見むだと思われるところに創造性の源があったり、最終の形状が定められていなかったりすることが、生物の状況にとてもよく似ていることに気がつきました。たとえば、渡された「設計図」は遺伝子に似ています。遺伝子が規定している制限酵素のはたらきは、逐次的な切断や結合などのプロトコールだけが定められていて、最終的な構造にかかわる情報はふくまれていません（自己組織的形成）。また、行き当たりばったりの出会いの

なかに創造がおこなわれているしくみも、アミノ酸や糖類、たんぱく質の濃い混合液が細胞内でうごめき合って会合したところから反応を連鎖させていることにも似ています。つまり、局部で隣接する構造間の反応のみが定められていることによって、構造は自己組織的に決定されていくわけです。さらによぶんな材料や構造の重複が生じることは、生物の遺伝子などに見られる冗長性（redundancy）や複数の構造が同じような働きをする縮退（degeneracy）（参考文献16）にも似ています。学生たちはあまった材料や時間を使って遊びます。一見むだに思われる遊びから多様性が生まれ、結果的にその多様性が作品の美しさ（図5 a）にもなっていたように思います。なによりも、単純な形状の素材とかかわってそれぞれの学生たちがそれぞれの意味を見いだしていく過程、無計画性やむだが最終的に思わぬ多様性や質を創り出す過程は、この実習のさまざまな場面で体験することができました。

　これまでの科学・技術では、目的や意味が最初にあり、目的達成のための最適な選択が模索されてきました。けれども、たとえば、時間発展する複雑な系において、短期の利益を目標に最適設計されたシステムが長期には破綻することは、生態学ばかりではなく社会学、経営学、ロボット工学などさまざまな分野で確認、

証明されています。そもそも自然においては、目的や意味は定められておらず、人間が勝手に短期間における目的や意味を自然のなかに見いだしているにすぎません。アーティストたちが、モノに接して、多様な遊びをおこない、そうしてそのなかからそれぞれの新しい意味を見つけていく過程をみていると、目的や対立やむだといった概念さえも、人間が勝手に自然のなかに見いだしているのであって、科学・技術的なプロトコールは自然の「合理

> いっていることがむずかしいう。でも、自然には「目的」は本当にないう？

（以下にご意見をお書きください。絵でもいいよ。）

性」のなかのほんの一部分を見ているだけなのではないだろうか、と思えてくるのです (参考文献9、13)。

3-⑦　真剣に遊ぶ覚悟

　ある課題において、わたしたちの班は次ページの図6aのように芸大生の部屋をつくって芸大生らしさを考えてみることにしました (参考文献12)。1週間ほどで企画・制作をして合評会にも備えなければならないため、効率よく作業を進めなければならないのですが、芸大生たちはこの空間のサイズを210cm四方と設定しました。制作に使うベニヤ板の大きさは180cm×90cmですので、210cm四方空間の制作のためには、相当にむだな木材と加工が生じるわけです。また、芸大生の部屋をつくって芸大生らしさを考えてみるのが目的でしたので、床は簡単な構造、たとえば地面にシートを敷く程度でもいいはずなのですが、彼らは15cmほどの高さのある木製の床をつくることにこだわりました。

　図6bは、壁を裏側にしてみた図です。案の定、木材を何度も切りなおし、また、壁や床は、足で踏んでみて弱そうなところを補強する、といった方法でつくっていくため、いわば、行き当た

図6a　　　　　　　　　　　図6b

図6c
(図6いずれも参考文献12)

りばったりの補強構造が出現することとなりました。

　そうして、この空間によって生じたのは、図6cのような光景でした。班内外の学生ばかりではなく、指導する教員も、ここを通りかかると気持ちよさそうな床に寝転がって動かなくなってしまうのです。この、大の字になって寝ることができる床の広さ、

その3　身体性を求めてとびはねる人たち

地面より高いところに床がある安心感、一様ではない床板の心地よさ、ただようそよ風と周囲の人の声……筆者も何十年ぶりかに感じることができた解放感でした。つまり、この空間の目的はあとから発見されたわけです。もし、制作のはじめにおいて筆者が合目的性、合理性や利便性を強く主張していたならば、そのときの議論においては筆者が勝っていたのかもしれません。しかしその場合、この不思議に心地よい空間は出現しなかったわけです。

　この例のみから、アートとサイエンスの全体を判断するのは軽率であるのですが、もし、サイエンス側が「計画性」「合理性」「柔軟(じゅうなん)性」「客観(きゃっかん)性」のみを主張して、うろうろし、こだわり、時にナルシストであるアーティストの行動を制限したならば、愛着、安心といった「質(しつ)」が育つ環境は得(え)られないのではないだろうか、と、この例から想像しています。

　筆者個人の実感では、ここでご紹介したようなアート教育が科学・技術分野に必須(ひっす)であることは疑う余地がないことだと思います。しかしその交流のためには、科学・技術の側に「真剣に遊ぶ」覚悟と熱量が必要であろうと思います。覚悟、とは命令に服従する覚悟ではなく、それぞれが主体的として、おもしろがる覚悟です。京都芸大のアート現場では、先生も学生も自分ごととして真摯(しんし)に朗(ほが)らかに作業に集中し、お互いにそれをみまもっていま

す。この「みまもる」「真摯」「熱量」によって、安全性も保たれているのですが、それは、制御から生まれるのではなく、みなが楽しんでどこか呼吸を合わせたり、香りをかいだりするようにして自然に生じていて、これをマニュアルに書きこむことはむずかしいのだと思います。

筆者は工学と医学の立場からさまざまな開発研究をおこなってきましたが、科学・技術の現場や現代社会全体が忘れかけているある知恵が、総合基礎実技の授業には今もイキイキと息づいてい

> みること・きくことの鍛錬(たんれん)は、マニュアルにできないう?

(以下にご意見をお書きください。絵でもいいよ。)

る (参考文献9)、と実感したことが、本授業への参加を希望した動機のひとつでした。その知恵とは、たとえば「人間らしさ」(注7)を尊重する習慣のようなものなのですが、「人間らしさ」とはなにかと問われますと、その意味はそれぞれのヒトによって異なるのだと思います。けれども、もし現代社会に生活するさまざまなヒトがこの総合基礎実技に参加したならば、それぞれがそれぞれに、筆者とは異なった知恵を発見するのであろうと考えます。たとえば、筆者が総合基礎実技に参加させていただいたのは、ちょうどロシアがウクライナへの軍事侵攻をはじめたころでもあります。もし、ロシア大統領のプーチンが京都芸大の総合

(注7)「人間らしさ (Smell of Humanness)」(参考文献13)

一般的に用いられる言葉ですが、本文章中では特別の意味に用いています。現代では、AI (Augmented Intelligence) などの登場によって、ヒトの理性的な機能が強力に補助されるようになってきました。筆者は、その反動としてより感性的な側面が重視されるだろうと予測し、これを「人間らしさ」と表現しています。「人間らしい強い存在感がある」ことであればそれは現在のAI (Augmented Intelligence) でも到達可能です。そうではなく、存在を求めてさまよっている感覚が「人間らしさ」です。AIの項でも述べましたように、筆者は将来的には存在を求めてさまよっている「人間らしい」Artificial Intelligenceと呼ぶにふさわしいAIも出現可能であると考えています。なお「人間らしさ」の直訳はHumannessですが、ある価値観から見るとカッコわるいような、一見ネガティブな要素も除外しないために、英訳はSmell of Humannessとしました。

基礎実技を経験していたならば、別の行動を選択していたであろうに、と筆者は（確たる理由もなく）確信をしています。また、不登校となり、卒業せずに京都大学を去っていったある学生さんを思うと、もし彼が京都芸大の総合基礎実技に参加していたならば、別のもっとおもしろい選択もあったであろうに、とこれも（確たる理由もなく）確信をするのです (参考文献11)。

おわりに　同調圧力のない社会へ

　リチャード・フロリダは人の生活の変化に関して次のように述べています（参考文献17）。1900年代から1950年代には、衣食住と移動にかかわる技術の改革が生活に大きな変化をもたらしたのにたいして、1950年代から2000年代にはクリエイティブな人材の台頭（たいとう）が生活を大きく変えた。そうして「長期的に見て勝利者となるのは、何かを作り出せる、続き続けられる人である」と述べました。米国のスタンフォード大学を中心として啓蒙（けいもう）されたデザイン思考も、イノベーションを起こし、クリエイティブであるための方法論を示していたのだと思います。たとえば、ただ「できる」という機能を発展させるだけではなく、現場ではいったいどのようなことが求められているのだろうか、という人間を中心とした考え方から、潜在的（せんざいてき）にあるニーズを発見していく方法論が提唱（ていしょう）されました。このように産業が「できる」という機能から創造性そのものに移行する動きはさらに進むと思われます。けれども一方において、そのような潜在ニーズを見つけ出すことのむずかしさも認識されはじめています。山内裕氏（やまうちゆたか）（参考文献18）らは、文化の歴史としてイノベーションの発現を考察し、意味のシステム自体の破壊をともなう不連続性が重要であるとして、デザ

イン思考の次なる概念(がいねん)としてアート思考を提唱しています。

　筆者はデザイン思考やアート思考の基本的な考え方には賛成なのですが、有用、効率、快適、便利、安全、といった価値観が知らず知らずのうちに最適化されている近未来において、わたしたちがそれぞれの「わたし」であるためには、より臨床的(りんしょうてき)な視点が重要になるであろうと考えています。本書13ページ（注2：臨床的視点について）にも述べますように、臨床的視点とは客観的・論理的な考察ばかりではなく個々の感性に寄りそってそれぞれの世界観を「わかろうとする」ことです。これはなにかを神秘(しんぴ)的(てき)に思いこむことではなく、前述のように、頭で考えたならばその裏側を身体的に感じてみる、身体的にモノゴトを感じたのならば頭でその裏側をじっくりと考えてみる、といったことです。「思考」という方法論だけでは語りえない「多様(たよう)で自由な心をみまもる人や心や環境」を大切にする実践(じっせん)（参考資料19）であって、この臨床的な視点がなければ、人類は分断され持続性を奪われるのだと思うのです。

　たとえば、寓話(ぐうわ)『はだかの王さま』(注8)において、布織(きぬお)り職人(しょくにん)は、「バカ者には見えない美しい布」があるというお話で王さまをだましました。デザイン思考やアート思考の視点からみると、職人たちは、美しいという意味が成立するシステム自体を破壊し

てイノベーションを起こしたわけです。王さまだけではなく、けらいや民衆もこの新しい価値を信じ、実際に経済も大きく動いたのですから、職人たちはとびきりに優秀なイノベーターであったわけです。ここで「王さまは はだか だ」とさけんだ子どもを考えてみますと、この子どもも新しく生じた「バカ者には見えない美しい布」という意味を破壊したのですから、そこにもやはりイ

(注8) はだかの王さま（参考文献20）

英題：The Emperor's New Suit
原作：ハンス・クリスチャン・アンデルセン　Hans Christian Andersen

　むかし、とてもおしゃれな王さまのところに二人の職人が来て「バカ者には見えない美しい布がある」といいます。王さまは、大金を払ってバカ者には見えない布で服を作らせました。王さまも、けらいたちも、自分がバカ者であると思われたくないので、みなその服が見える、というのです。ある日、王さまはパレードをして、その服をみなに見せようとするのですが、だれも自分がバカ者だと思われたくないので、みな口々にその服の美しさをほめるのです。そのとき、ある子どもが、「王さまは はだか だ」といいだしました。みんなは、そんなことをいう子どもにびっくりしたのですが、そのうち、みんなも自分には服が見えていないことを口々にいいはじめました。

　くりかえしますが、この本では、この二人の職人ではなく、「王さまは はだか だ」とさけんだ子どもや、そんな子どもの心をみまもるArt-Science Link Worker（マスオさん）たちを大切にする社会こそが持続的であろう、と主張しています。なぜかって？　それは現代のモノつくりの多くが「目に見えない美しい布」のようであって、たとえば鷲田清一氏が述べるように、「体を使い何かを作るのではなく、金を使い物とサーヴィスを買うのが、生活の基本となった。そのことで体は自然とのじかのやりとりを免除され、いわば仮死状態に置かれることになった」（参考文献21）からです。

ノベーションがあります。ただし、もちろんのこと子どもはイノベーションを起こそうと計画したわけではありません。この本では、そのような無目的な子供の感性に注目をして述べてきました。「はじめに　おとなはバカだ（臨床的視点から）」（本書6〜14ページ）にも述べましたように、子どもは大人のように広い視野や考察力をもっているわけではありませんが、より奥行きのある「合理」を実践していて世の価値観を変革させている、と考えることができるわけです。そうして……

「王さまは　はだか　だ」とさけぶ子どもばかりの社会も、あんまり平和じゃあないんじゃないかう？　子どもはケンカするう。 時には、みえっぱりでお金のむだ使いばかりしている王さまを、こらしめる職人がいてもいいう。

（以下にご意見をお書きください。絵でもいいよ。）

おわりに　同調圧力のない社会へ

　そ、そうなのです。おっしゃるとおり。だからこの本では、「王さまは　はだか　だ」とさけぶ子ども以外にももっと大切なイノベーターがいる、と考えているのです。

　筆者は子どものころから学者にあこがれて学者の仲間に入りました。そうして、説明ばかりがじょうずな学者よりも、少々説明がへたくそでも、評価を気にせずに子どものように創造をつづける、いわゆる学者バカの人のほうがホンモノだなあ、と感じていました。いまは詩人（アーティスト）にあこがれていて、まだ詩人の仲間に入っているわけではないのですが、しかし学者の場合と同じように、評価を気にせずに子どものように創造をつづける、いわば世捨て人のような詩人こそホンモノなのだなあ、とも感じています。そうして、たとえば社会が領土や富や技術に翻弄されて、それらを奪い合って戦争がはじまってしまうとき、学者バカや世捨て人だった人たちが、子どものように「王さまは　はだか　だ」とさけぶことのできることが大切なのだと思ってきました。

　けれども、実際に多くの学者や詩人の友人たちを見ていますと、子どものように学者バカや世捨て人をつづけることがとてもむずかしい時代であることがわかってきました。それどころか、チビウオくんのいうとおり、子どものように純粋な学者や詩人ば

かりが集まると、かえって分断やケンカもはじまってしまうのです。たとえ広い視野やゆたかな感性があったとしても、多様で自由な心をみまもる心や環境がなければ、やがては分断や対立を生んでしまうのだと思います。そうして、有用、効率、快適、便利、安全、といった価値観だけではなく、それぞれの多様で自由な自分を生きる価値を大切にする、子どものような学者や詩人の心をみまもっているArt-Science Link Worker（マスオさん）が大切だと思うのです。筆者は、真のイノベーターは詐欺師の職人でも、子どもでもなく、「王さまは はだか だ」とさけぶ子どもにあたふたと困惑しながらも、子どもの心をまもってあげるArt-Science Link Worker（マスオさん）なのだと思うのです。リチャード・フロリダがいうように、クリエイティブな人材が台頭し、山内裕氏がいうように彼らが意味のシステム自体を破壊してイノベーションを起こしているのかもしれません。けれども、本当に多様で平和な社会を構築しているイノベーターは、子どもの心をわかろうとして、みまもることのできる、けれどもカッコわるいArt-Science Link Worker（マスオさん）なのだと思います。

　そうして、だれもがデジタルの身体を経験する近未来には、内気なArt-Science Link Worker（マスオさん）たちが、新しい

おわりに　同調圧力のない社会へ

情報環境のなかで一対一のネットワークを築き、さらに広い視野やゆたかな感性とむすびつくことによって、権力に動かされずに、「王さまは　はだか　だ」とさけぶことのできる社会、同調圧力のない社会、みなが、おたがいにわかろうとする他者やおもしろがる他者であって、おたがいの存在をささえ合う社会、そんな社会が可能となるのかもしれないと思うのです。

　ここまで述べてきましたように、みる・きくことの鍛錬(たんれん)によって、わたしたちは、「できる」ことや「おもしろい」ことだけではなく、その裏側にある多様で壮絶(そうぜつ)で奥行きのある身体を得(え)ることができるようになるのだと思います。そうして、その「できる」や「おもしろい」こと自体よりも、わたしたちのなかにある子どものような感性をみまもって、「わかろうとする」「おもしろがる」関係性こそが大切なのだと思うのです。

> 結局、富田先生がなにをいいたいのかわからなかったう。臨床的視点ならば、「わかる」ではなく「わかろうとする」でいいのかう？ でも、たしかに、わかろうとしてくれたり、おもしろがったりしてくれるマスオさんが、いっぱいいてくれたらいいなあ、ってチビウオも思ううう。

（以下にご意見をお書きください。絵でもいいよ。）

　チビウオくん、ここまでつきあってくれてありがとう。そうなんです、いいたいことはむずかしいことではなく、「わかろうとしてくれたり、おもしろがったりしてくれるマスオさんが、いっぱいいてくれたらいいなあ」それだけなのです。わからなくても

おわりに　同調圧力のない社会へ

いい、わかろうとしてくれる、おもしろくなくてもいい、おもしろがってくれるマスオさん。たとえば、「調子はずれな音楽？」(参考資料22) とか「雑音？」(参考資料23) とか「できないこと？」(参考資料24) とか「きもちわるい？」とか「わからない？」などといったカッコわるさの裏側に個々の壮絶な奥行きがかくれていることは、アート分野では常識なのだと思います。こういった「個々の壮絶な奥行き」にみながとても敏感(びんかん)であって、学校やビジネスやいろいろな場面で、一見カッコわるい真摯(しんし)さをおもしろがってくれて「へたくそがいいね」とか「カッコわるくていいね」とか「きもちわるくていいね」、などといい合ったりすると、ああ、ここにも、みる・きく力をもったマスオさんがいるんだ、と思えて、とてもうれしくなるのです (参考資料19)。

　クリエイティブな人にはかならずマスオさんがいます。世界が発展的で平和であるためには、マスオさんを大切にするシステム、たとえば創造性をみまもってきた人や環境を表彰するようなことができればいいなあと思うのです。

参考文献、資料、サイト

　この本では、原因から結果に向かってモノゴトを並べることによって生まれてくる意味だけではなく、その時々のつぶやきを無造作に並べて感じ取ることのできる内容を重視しています。以下に挙げます参考文献なども、たとえば思想の歴史といったような時系列のなかから生まれる意味を可及的に忘却していただき、身体で考えるための材料としてながめていただけることを望みます。（富田直秀）

1. 富田直秀教授退職記念《The 2nd International Conference on Naohide Tomita (ICNT65)》https://www.kachigo.com/icnt65/
2. 酒井敏・富田直秀ほか著、『もっと！ 京大変人講座』より〈SUKIる学の教室：「できない」から「できる」んだ〉、三笠書房、2020年
3. ヴィクトール・E・フランクル著／霜山徳爾訳、「夜と霧：ドイツ強制収容所の体験記録」、『フランクル著作集　第1』所収、みすず書房、1961年
4. TVアニメーション『サザエさん』主題歌第3番（作詞：林春生、作曲：筒美京平）
5. Lee Fleming, "Perfecting Cross-Pollination", Harvard Business Review, 2004
6. 中井久夫著、『最終講義——分裂病私見』p.53、みすず書房、1998年
7. 西井凉子・箭内匡編、『アフェクトゥス（情動）——生の外側に触れる』、京都大学学術出版会、2020年
8. 平野啓一郎著、『私とは何か——「個人」から「分人」へ』、講談社現代新書、2012年
9. 富田直秀、〈アート視点から見た科学・技術——「質」を実現する日本の方法論「型」〉、『応用物理』第91巻・第8号、2022年　https://doi.org/10.11470/oubutsu.91.8_466
10. 持丸正明、「研究室紹介—産業技術総合研究所人間拡張研究センター」、バイオメカニズム学会誌44-4、2020年
11. 富田直秀著、『ちゃっちゃんの遊園地』、ゆみる出版、2003年
12. 富田直秀、随想「面倒くさい人間であること」、京都大学工学広報No.76、2021年10月　https://www.t.kyoto-u.ac.jp/publicity/no76/essay/6o3guw
13. 富田直秀、「総合基礎実技を体験して（「人間らしさ」の尊重）《Experiencing "Foundation Core Courses" in Kyoto City University of Arts: Respect for the "Smell of Humanness"》、京都市立芸術大学美術学部研究紀要68号、2024年

14. アート×サイエンスLABOからGIGへ、「京都からアート×サイエンス・テクノロジーを考える（富田直秀×塩瀬隆之）」、京都市京セラ美術館、2020年
15. 西山伸、「京都大学における大学紛争」、京都大学大学文書館研究紀要 第10号、2012年
16. Whitacre,J., and Bender,A., "Degeneracy: A design principle for achieving robustness and evolvability." Journal of Theoretical Biology, 263, 143-153, 2010
17. リチャード・フロリダ著／井口典夫訳、『新クリエイティブ資本論』、ダイヤモンド社、2014年
18. 山内裕、「アート思考とは？」、2022年
https://assemblage.kyoto/downloads/files/art-thinking.pdf
19. アート演習動画（＠京都市立芸術大学）
https://assemblage.kyoto/resources/art_dis-soluble/
20. 底本："The Emperor's New Suit", English Translation by H.B.Paull, 1837.
21. 鷲田清一著、『つかふ——使用論ノート』p.245、小学館、2021年
22.【動画】バカ族ピグミーの踊り　Baka pygmies in Cameroon
https://www.youtube.com/watch?v=qdvr1A7ZIYw
23. 京都大学国際文化フォーラム2017　未来創成学国際研究ユニット企画　「病と雑音の香り」第1部：https://www.youtube.com/watch?v=m2rdNVVCRSA
第2部：https://www.youtube.com/watch?v=oYA8pOM0trY&t=612s
24. 京都大学総合博物館　2018年　「ないをたのしむ」展、ワークショップ「きく、さわる、つくる」　https://ocw.kyoto-u.ac.jp/course/286/

オオさんジュウさん ©Kuwa,Kusu

オオさんシュウさん ©Kuwa.Kusu

この本の意図を動画で解説しています。

https://www.youtube.com/@富田直秀/videos

Society depending to "DEKIRU"

(The Era of Art-Science Link Worker : MASUO)

Intro : Grown-ups are stupid. (clinical perspective)

1 : From an individual who can do It, to diverse "dividuals"

2 : A sea change in values

3 : Rising and seeking corporeality

Outro : Toward a society without peer pressure

Naohide Tomita

Kyoto City University of Arts

With Peeping Chibiuo : Kuwa.Kusu

      (Chiaki Kuwata and Maya Kusunoki)

装幀、ブックデザイン、イラストレーション　Kuwa.Kusu（楠麻耶・桑田知明）

富田直秀(とみた なおひで)

京都市立芸術大学客員教授(京都大学名誉教授)。医師・工学博士・医学博士。
1981年、早稲田大学大学院理工学研究科博士課程前期修了。1987年、佐賀医科大学医学部医学科卒業(医師国家試験合格)。奈良県立医科大学整形外科学医師、京都大学生体医療工学研究センター助教授、京都大学国際融合創造センター創造部門教授、京都大学大学院工学研究科教授などを歴任、現在に至る。
2016年、第14回産学官連携功労者表彰「科学技術政策担当大臣賞」受賞。

「できる」依存症社会
Art-Science Link Worker(マスオさん)の時代

2025年3月27日　第1刷発行

著　者　　富田直秀
発行者　　堺　公江
発行所　　株式会社 講談社エディトリアル
　　　　　〒112-0013
　　　　　東京都文京区音羽1-17-18　護国寺SIAビル6階
　　　　　電話（代表）03-5319-2171
　　　　　　　（販売）03-6902-1022
印刷・製本　株式会社KPSプロダクツ

定価はカバーに表示してあります。
落丁本・乱丁本は、ご購入書店名を明記のうえ、講談社エディトリアル宛にお送りください。送料小社負担にてお取り替えいたします。
本書のコピー、スキャン、デジタル化等の無断複製は著作権法上での例外を除き、禁じられています。
本書を代行業者等の第三者に依頼してスキャンやデジタル化することは、たとえ個人や家庭内の利用でも著作権法違反です。

©Naohide Tomita 2025, Printed in Japan
ISBN978-4-86677-162-5

JASRAC 出 2501004-501